Heinrich Preschers

Unpartheiische Bemerkungen

über den unglücklichen Feldzug des Herzogs von Braunschweig gegen die Neufranken und die gegenwärtige Lage Preussens, Oestereichs und Frankreichs

Heinrich Preschers

Unpartheiische Bemerkungen
über den unglücklichen Feldzug des Herzogs von Braunschweig gegen die
Neufranken und die gegenwärtige Lage Preussens, Oestereichs und Frankreichs

ISBN/EAN: 9783743441620

Hergestellt in Europa, USA, Kanada, Australien, Japan

Cover: Foto ©ninafisch / pixelio.de

Weitere Bücher finden Sie auf **www.hansebooks.com**

Unpartheiische Bemerkungen

über

den unglücklichen Feldzug

des

Herzogs von Braunschweig

gegen die Neufranken

und

die gegenwärtige Lage Preussens,
Oestereichs und Frankreichs.

Zweite Auflage.

Frankfurt und Leipzig
1793.

„Wenn die Fürsten bis zu dem Zwecke ihrer Ein-
„setzung hinaufsteigen wollten; so würden sie sehen,
„daß ihr Rang, auf den sie so eifersüchtig sind,
„und ihre Erhebung nur das Werk der Völker sey;
„daß diese Tausende von Menschen, die ihnen un-
„terworfen sind, sich keineswegs zu Sclaven eines
„Einzelnen hingegeben haben, um ihn furchtbarer,
„oder mächtiger zu machen; daß sie sich keineswegs
„einem Bürger unterworfen haben, um Märtyrer
„seiner Laune zu seyn, sondern daß sie aus ihrer
„Mitte denjenigen ausgewählt haben, den sie für
„den gerechtesten, gütigsten und menschlichsten hiel-
„ten, mit einem Worte: für den Mann, bei welchem
„die höchste Gewalt zu einer Stütze der Gesetze und
„Gerechtigkeit dienen würde."

Friedrich der Einzige.

B. VI. S. 41. f. zurückgelassenen
Werke.

Der Verfasser dieser Schrift ist — so glücklich, oder unglücklich gewesen, schon vor länger, als einem Jahre in einer gewissen Flugschrift die jetzige Lage der Sachen ziemlich vollständig voraus zu sagen.

Kühn genug, ohne Eitelkeit zu hoffen, daß dieß ein günstiges Vorurtheil für ihn erwecken müsse, schmeichelt er sich, auch in diesen Blättern ein Wort zu seiner Zeit geredet zu haben.

Geendiget wär' er also nun der furchtbare Feldzug gegen die Neufranken, welcher von den Gegnern derselben mit so weit aussehenden Planen eröfnet wurde. Trotzig zogen Tausende von den Ufern der Oder und dem Gestade der Ostsee daher, um die Neufranken die Stärke ihres gefürchteten Armes fühlen zu lassen, und nun — ist es wahr? — fragt einer den andern — befindet man sich nach einem zerstörenden Feldzuge gerade wieder auf demselben Standpunkte von welchem man ausgieng, nur — mit weniger Ehre und Ruhm.

Es macht in der That einen unaussprechlichen Contrast, wenn man sich der stolzen Entwürfe lebhaft erinnert, welche man vor kurzem noch mit so leichter Mühe realisiren zu können glaubte, und dann plötzlich auf die jetzige Lage der Angelegenheiten, seine Blicke hinwendet.

Und welches waren die Aussichten, womit man den Neufranken Fehde ankündigte?

Um diese Frage gehörig zu beantworten, finde ich es nöthig, zuerst einige allgemeinere Bemerkungen über den Plan zu machen, welchen die vereinigten Heere bey diesem kühnen Feldzuge befolgten. Indem ich die Geschichte desselben einfach und gedrängt erzähle, verbreite ich das sicherste Licht über die Plane, welche demselben zum Grunde lagen.

Der Herzog von Braunschweig, der begriff, daß es unmöglich sey, Frankreich Veste für Veste, Stadt für Stadt zu erobern, faßte den Entschluß, den Krieg mit einem Schlage zu endigen und geraden Weges nach Paris vorzustürmen. Man hat diesen Plan sehr getadelt, und er war in gewissen Rücksichten, wie ich in der Folge bemerken werde, allerdings sehr tadelhaft; aber es lag doch etwas Großes, Unternehmendes und des Heldengeistes dieses Mannes Würdiges darin. Auch verdient der Herzog in mehr, als einem Betrachte sehr entschulbiget zu werden. Man höre, worauf er den Flug seiner Entwürfe stützte! —

Es ist wohl keinem Zweifel mehr unterworfen, daß nicht alles vorbereitet gewesen ist, eine Gegenrevolution zu bewirken und die vereinigten Armeen ungefähr zwischen dem funfzehnten und fünf und zwanzigsten August nach Paris kommen zu laßen. Die Truppen, welche man ihnen entgegensetzte, waren schlechterdings nicht im Stande, ihnen zu widerstehen: Luckner hatte kaum 20000 Mann; La Fayette war nicht einmal so stark und Dümouriers Heer bestand Anfangs nur aus 17000 Streitern. Die Städte waren nur zur Hälfte mit Munition und Proviant versehen und zu schwach, oder mit Verräthern besetzt. Longwy soll man nur deswegen zum Ueberflusse mit allen Kriegs= und Lebensbedürfnissen versorgt haben, damit dieselben — man wuste wohl, daß diese Stadt keinen Widerstand leisten werde — den Feinden sogleich beim Eintritte in's Reich in die Hände fallen und dessen Operationen dadurch beschleuniget werden möchten. Auf einen Tag sollten die Preußen bey Longwy. Hohenlohe am Rheine, Clairfait von Norden und Sardinien von Savoyen her das Reich der Freyheit anfallen

und die Freyheit zu Boden treten. Dieß war der furchtbare Schlag, wovon alle Aristokraten=Blätter mit so geheimnißvoller, freudiger Erwartung redeten; der Schlag, der die gute Sache retten, und die Feinde und Ruhestöhrer der Menschheit — so nannte man die Neufranken, und insonderheit ihre Gesetz=geber — zertrümmern sollte. Aber die Vor=sicht, die, während des Ausbruchs der Re=volution, schon so oft recht sichtbar über der Sache der wieder eroberten Menschenrechte waltete; die alle, auch die feinsten Plane ihrer Gegner über Erwartung zernichtete und immer ein so auffallendes Uebergewicht in die Wagschaale der Neufranken legte, hatte es anders beschlossen. Der zehnte August zer=stäubte auf einmal in wenig Stunden alle die=se lang und mühsam angelegten Plane, zwar nicht, wie ein Maienwind, der die Blüthen der Blumen verweht, sondern blutig und grausam, aber — er zerstäubte sie doch! *)
Dieß sind Thatsachen, welche das helleste

---

*) Leser, welche sich allenfalls darob entsetzen, daß ich des zehnten Augusts, dieses Tages des Mords, der Greuel, der Verwünschung, und wie man ihn weiter zu nennen belieben möchte, auf eine so glimpfliche Art gedenke, bitte ich auf folgende Betrachtungen ein wenig Rücksicht zu nehmen. Kein Mensch wird sich der Blutscenen dieses
Tages

Licht auf die Aussichten werfen, womit die Gegner Frankreichs die Preußen in dieses Reich einrücken sahen. Daher ihr Trotz; daher ihre feste und bestimmte Sprache: in vierzig Tagen (wie sich noch kürzlich der bekannte, äußerst aristokratisch gesinnte, spaßhafte Mann, welcher die Neuwieder Zeitung herausgiebt, ausdrückte,) werde Paris untergehen, wie weiland Ninive angekündiget wurde; daher nach der Hand ihre Klagen — man findet auch diese in eben demselben Blatte — die vereinigten Armeen seyen nun zwar da, allein die Umstände hätten sich seit dem zehenten August sehr verändert, die blutdürstigsten der Solonen säßen jetzt am Ruder, die

―――――――――

Tages mit Gleichgültigkeit erinnern, oder wohl gar derselben sich erfreuen können und die einzelnen Grausamkeiten zu entschuldigen wagen, welche an demselben begangen worden; allein man vergesse auf der andern Seite nicht, zu erwägen: daß noch nie eine Staatsveränderung ohne Blut gegründet worden ist; daß, ohne die schrecklichen Auftritte dieses Tages, Frankreich wahrscheinlich der furchtbarsten Zerrüttungen und Uebeln von Innen ausgesetzt gewesen wäre, und gegenwärtig der Schauplatz eines zerstörenden Krieges von Außen seyn würde; daß die wenigen, welche an diesem Tage fielen, folglich gleichsam als Opfer für viele Millionen, — für die ganze Nation — fielen; daß, wenn die Parthei der Mißvergnügten triumphirt hätte, man vermuthlich noch mehr Blut würde haben fließen sehen u. s. w. so wird man vielleicht etwas unbefangener zu urtheilen geneigt werden.

Heere könnten alſo ſo nicht wirken, wie ſie wirken zu können geglaubt hätten, u. ſ. w. — So weit um ſich greifend war der Plan des Herzogs. Er gedachte unmittelbar auf den Hauptſitz der **Rebellion** (!!!) loszugehen; die Repräſentanten der Nation aus einander zu ſprengen, oder, nach dem ſchönen Beyſpiele, welches man in der erſten Hitze zu Verdün gegeben hatte — hier ſtekte man den Deputirten der konſtituirenden National = Verſammlung, George, in einen Kerker — in Gefängniſſe zu werfen; hierauf den König wieder auf den Thron zu erheben, und den Unterdrückten die Feſſeln von Neuen anzulegen, die ſie vor dem vierzehnten Juli 1789 trugen. Dieß alles ſollte geſchehen, wie man in den Manifeſten darüber erklärte, um die allgemeine Polizey und Ordnung Europens wieder herzuſtellen (!) und **die Ehre der Souveraine zu retten**. — Aber wie nach einem gräßlichen Ungewitter änderte ſich plötzlich die Scene. Was vorher Nacht und Dunkel geweſen war, ward jetzt Licht und ſchöne Ausſicht. Kaum hatte der Greuelſturm des zehnten Auguſts ausgeraſet, als alles eine andre Geſtalt annahm. Wie Grabgeläute ertönten jetzt alle Glocken durch das Reich der Freyheit und forderten die Bewohner deſſelben mit erſchütternder, todtenkehrer Feierlichkeit auf, frei zu leben, oder zu **sterben.** Greise, Männer, Jünglinge, Kinder eilten dem Feinde an die Gränzen entgegen. Das schöne Geschlecht wollte in diesem Zeitpunkt eines allgemeinen Patriotismus nicht allein zurückbleiben. Französische Bürgerinnen erneuerten die erhabenen Beispiele von Muth und Seelengröße, welche wir bisher nur an den Frauen der Vorwelt zu bewundern gewohnt waren. Die nahe Gefahr vereinigte die Gemüther. Man war immer noch verschiedener Meinung, aber man zog brüderlich zur Bekämpfung eines und desselben Feindes aus. Der Muth und die Entschlossenheit der Pariser leuchteten den übrigen Departementer vor. Es giebt vielleicht keine Stadt in der Welt, wo die Communikation und der Ideenumlauf so blitzschnell geschieht, als in Paris, in keiner zeigt sich daher eine solche Thätigkeit der Gemüther; in keiner kann ein Anblick gefunden werden, wie der ist, wenn diese menschenvolle Stadt durch irgend eine große Leidenschaft in Bewegung gesetzt wird. Paris ist mit Bürgern aus allen Theilen des Französischen Reiches angefüllt, und aus dem Zusammenflusse aller dieser verschiedenen Charactere entsteht ein Nationalcharakter, der sich durch eine bewunderungswürdige Heftigkeit auszeichnet. Was sie thun wollen, sagt *Rabaut de St. Etienne* in seiner Revolutionsgeschichte einmal ist schon gethan: — So auch dießmal. Beinahe jede Stunde erzeugte neue Schaaren von Kriegern, welche man ausrüstete und nach den Gränzen schickte. Die kleinen Armeen schwollen nun zu Strömen an. Dümourier, der anfänglich kaum 17000 Streiter zählte, sah sich bald an der Spitze eines furchtbaren Heeres. Die Vestungen wurden auf lange Belagerungen mit allem Nöthigen reichlich versehen; es regnete gleichsam Gewehre, woran vorher ein so großer, unbegreiflicher Mangel war; überall zeigte sich diejenige Kraft, Stärke und Geschwindigkeit, kurz! diejenige Thätigkeit, welche, indem sie blos das Eigenthum der Freiheit ist, als eine trauliche Schwester des Sieges und Vorläuferin der Unüberwindlichkeit betrachtet werden muß.

Während dieß im Innern des Reichs vorgieng, war der Eintritt der vereinigten Heere in Frankreich ein Triumph. Longwy beugte sich sehr bald vor den Preußischen Kriegern. Verdün ergab sich ohne Widerstand. — Dieß war der Augenblick der die Nation wekte. Jetzt, als Verdün belagert ward, sah sie die Gefahr in der Nähe. Man darf es sagen, die ganze Nation stund in diesem Zeitpunkte auf. Der zehente August r e t t e t e, und die Eroberung jener Stadt b e w a f f n e t e ganz Frankreich. Noch war demohngeachtet für Preußen und Oesterreich nicht alles verlohren, allein bald war das Loos dieser tapfern Truppen das traurigste, und sie schienen Anfangs nur deswegen einige glückliche Fortschritte gemacht zu haben, um ihr Verderben desto eher zu beschleunigen.

Der Herzog rückte nach der Wegnahme des letztern Ortes, seinem Plane gemäs, vor. Die Franken unterließen nichts, was die Ausführung seines Entwurfs erschweren konnte. Indem die Preußen vordrangen und die französischen Feldherrn, welche vor der Hand einer offenen Feldschlacht weislich auswichen, sich zurück zogen, fielen mehrere Gefechte vor, und zwar, nach allen Berichten aus — Luremburg, Brüssel und Trier insgesamt zum Vortheile der vereinigten Armeen. Wenn man aber alle officielle und Privatnachrichten der Oesterreicher, Preußen und Franzosen zusammen hält, so siehet man, daß, den vierzehnten September ausgenommen, alle andere Gefechte im Ganzen ziemlich unbedeutend und der Verlust auf beiden Seiten immer sehr gleich gewesen ist. An diesem Tage aber, als Dumourier den Versuch machen ließ, den Feinden die Verhacke und den wichtigsten Paß von la Croix au Bois, welchen sie forcirt hatten, wieder zu entreissen, litten die Neufranken. Nach der tapfersten Gegenwehr, und einem Anfangs glücklichen Erfolge mußten sie der Uebermacht weichen und sich über die Aisne zurückziehen. Auf diesen Vorfall folgte ein eilfertiger Rückzug der fränkischen Heere. Beim Rückzug im Lager von Damartin, zwey Stunden von St. Menehould, wurde der Nachtrab heftig angegriffen. Die Hauptarmee kam während dessen in der schönsten Ordnung im Lager an. Plötzlich verbreitet sich, wie ein rollender Donner, das schreckliche Gerücht, der Nachtrab sey zusammen gehauen. Die Feinde fielen nun mit Uebermacht über die Haupt-Armee her. Es sey alles ohne Rettung verlohren. In diesem Augenblicke würden 400 Mann die französische Armee geschlagen haben. Dieß alles war das Werk der Verrätherey. Man bediente sich ungefähr derselben Mittel, welche man angewandt hatte, die Truppen, die bey der Eröffnung des Feldzugs Mons und Dornick wegzunehmen bestimmt waren, durch sich selbst aufzureiben. Die Ordnung wurde indessen bald wieder hergestellt und der Soldat schämte sich, betrogen worden zu seyn und würde gesiegt haben, wenn man ihn einige Stunden nach dieser Verwirrung gegen den Feind geführt hätte. Auch dieser Versuch war daher vergebens. Demohngeachtet war von diesem Tage an, bis zum Zwanzigsten die Lage des französischen Heeres in der That sehr mißlich. Clairfait umgieng einen Theil der engen Pässe welche Champagne öffnen; Dumourier, durch die geschicktesten Manouvres aus seiner von Natur sehr festen Lage an den Gebürgen von St. Menehould zum Theil gleichsam herausgehoben, sah die Gebürge und Waldungen, welche sie bisher von den Ebenen der Champagne trennten, jetzt in der Gewalt der vereinigten Truppen und es schien alles übel gehen zu wollen. Gewiß, hätte Dumourier, dessen Lage jetzt in mehr, als einer Rücksicht gefahrvoll war, in diesem Zeitpunkte sein Lager verlassen, und sich nach Rheims oder Chalon gewendet, so würden die Preußen und Oesterreicher diese Bewegung vermuthlich wenigstens dazu benutzt haben, um sich in das Pertoische zu werfen, sich daselbst zu kantoniren, und — wenn es die Lage der Sache nö=

thig gemacht hätte — auf diese Art in einer der fruchtbarsten Gegenden den Winter zuzubringen.

Allein Dumourier wußte das durch einige widrige Ereignisse geschwächte Selbstvertrauen seiner Krieger bald wieder zu beleben. und gelingt es einem Feldherrn, dieses bis zu einem höhern Grade der Begeisterung zu entflammen, so ist sein Heer unüberwindlich. Seine Armee, welche, wie er sich vor den Schranken der N. C. ausdrückte, gegen die Mitte des Augusts nur aus 17000 Mann, ohne Organisation, bestand und von Verräthern gepeiniget war, ließ sich weder durch Grausamkeiten, noch durch die ersten glücklichen Fortschritte der Verbündeten in Schrecken setzen. Und so ward der Forst von Argenne für diese Handvoll Krieger ein Thermopylä, wo ihr kleiner Haufe den ansehnlichsten Heeren vierzehn Tage lang den heftigsten Widerstand leistete. Glücklicher, als die Spartaner eilten ihr bald zwei Heere zu Hülfe, welche von eben demselben Geiste beseelt waren und mit welchen der französische Feldherr sich in dem unüberwindlichen Lager zu St. Menehould vereinigte. Auf diese Art machte Dumouriers muthige Standhaftigkeit das Glück der

Preußischen Waffen scheitern. — Die Preußen konnten nemlich nicht verhindern, daß nach den oben erzählten Auftritten, die Heerhaufen der Generale Kellermann und Bournonville sich zwischen dem neunzehnten und zwanzigsten mit Dümourier vereinigten, wodurch er nun, selbst der Zahl nach, der vereinigten Armee weit überlegen ward. Wie in einer Art von Verzweiflung wagten hierauf die Preußen einen neuen Angriff auf die Kellermannische Armee, (den Zwanzigsten) allein ebenfalls ohne Erfolg. „Denn, heißt es im Berliner Hofbericht, „da dem „Feinde nicht zu wehren stand, den Po= „sten bey der Windmühle (der linke Flü= „gel der Armee des Herrn Kellermanns „stand in dem Treffen gegen der Wind= „mühle von Valmy zu und die Kavallerie „hatte sich am Abhange des Windmühlen= „Berges postirt) immer durch neue Artille= „rie zu verstärken und er zuletzt über vier= „zig Kanonen dort etablirt hatte, so wur= „de nicht für rathsam gehalten, ihn „durch Infanterie zu attaquiren, sondern „man begnügte sich, nach einer vierzehnstün= „digen Kanonade den Posten zu behaupten."

Um diese Zeit (den zwanzigsten und fünf= und zwanzigsten September) litten die Preu=

ßen bereits an allem Mangel. „Fürchtet euch nicht," sagt Dumourier um diese Zeit in einer Proklamation an seine Armee, worin er sie wegen des panischen Schreckens schamroth macht, welcher sie den Vierzehnten befallen hatte; „die Feinde, „welche euch feige Seelen so fürchterlich „abmahlen, sind durch Hunger, Krank= „heiten, Strapazen und Mißmuth er= „schöpft. Der König von Preußen, wenn „er darauf besteht, nach Paris zu ge= „hen, kann dahin kommen, aber — „nicht anders, als mit mir u. s. w." — Die Erfahrung bestätigte es bald, was Dumourier hier behauptete, und schon lange vorher gesagt hatte, und dieser brave General wußte die Verlegenheit der Preussen meisterhaft zu benutzen. In der gewissen Voraussetzung, daß die Preussen nicht lange in den unfruchtbaren Ebenen der Champagne ausdauern könnten, indem sie allen Proviant von der Seite von Granpré her ziehen mußten, detaschirte er den General Bournonville mit 12000 bis 15000 Mann, um diese Kommunikation zu hemmen. Die Wachsamkeit und der Muth dieses Feldherrn hatten den erwünschtesten Erfolg. In wenig Tagen machte er über 400 Gefangene, funfzig Wagen mit Lebensmitteln, fünf und zwanzig mit Kleidungsstücken, und 200 Pferde u. s. w. wurden erbeutet. Den Preußen durch Krankheiten und Hungersnoth entmuthet; von den französischen Truppen, deren Muth mit ihrem Glücke stieg, ohne Unterlaß beunruhiget; überall von feindlichem Gebiete, worin sie vergebens eine Menge Verräther und Uebelgesinnte (denn ein Mann der seinem Vaterlande untreu wird und die Waffen gegen dasselbe ergreifen kann, ist doch wohl ein Verräther und Uebelgesinnter!?) anzutreffen gehoft hatten, umzingelt; blieb jetzt nichts, als ein gänzlicher, äußerst gefahrvoller Rückzug übrig. In dieser Lage sah man sich genöthiget, eine Art von Waffenstillstand vorzuschlagen, und sich in Unterhandlungen einzulassen. Dûmourier nahm keinen Anstand einen Waffenstillstand zu bewilligen; allein der Herzog von Braunschweig, welcher auf einen Augenblick zu vergessen schien, daß man ein siegreiches Heer, eben so wenig, als ein freies Volk mit Manifesten besiegt, unterbrach ihn durch ein stolzes Manifest, welches er dem französischen Feldherrn nach einigen Unterhandlungen überschickte. Jetzt hatte die Noth der Preußen bereits den höchsten Grad erreicht; die Ruhr wüthete im Heer so heftig, daß die Lagerplätze, welche sie verließen, jedesmal Begräbnißstätten glichen und selbst für ihre Feinde Scenen des Jammers darstellten, die diesen nicht selten Gefühle des Mitleidens einflößten.*) Doch ich schreibe keine Geschichte dieses Feldzuges, dessen die Preußen sich immer mit Widerwillen erinnern werden, und der Dümourier, — dieß werden wohl seine Feinde nicht zu läugnen im Stande seyn — unendliche Ehre macht. In der That, mit einer so unansehnlichen Armee, wie die Armee Dumouriers Anfangs war; eine viel stärkere in ihren Operationen zu hemmen; ohn' Aufhören diese zu beunruhigen; ihr die Lebensmittel abzuschneiden, oder die Zufuhren zu erschweren und im Angesichte eines überlegenen Feindes dem im Augenblicke der gefährlichsten Lage, die Vereinigung mit andern Kriegshaufen zu Stande zu bringen, mit einem Worte: den Feind fast ohne Blutvergießen langsam aufzureiben. dieß waren Operationen, des größten Feldherrn würdig! — Zertrümmert waren jetzt, durch Dumouriers und Kel-

―――――

*) Dieß ist kein Gemählde der Einbildungskraft; kein Gemählde, welches ich bloß französischen Nachrichten entlehnt habe, — unbefangene Augenzeugen haben mich alles dessen, was ich hier sage, versichert. Es sind bekannte Thatsachen! —

lermanns Siege — das Treffen vom Zwanzigsten, worin letzterer mit 22000 Mann einer weit überlegenen Macht glücklich widerstand, half Frankreich retten — alle Pläne, welche man gegen die Neufranken geschmiedet hatte, deren Größe selbst aus dem Unglücke noch hervorschimmert, womit sie sich endigten — und ich habe nun, nach dem, was ich eben bereits darüber gesagt habe und allgemein bekannt ist, nicht nöthig, noch etwas über die vom Schicksale selbst zernichteten kühnen Aussichten, welche die verbundenen Mächte in so kurzer Zeit in Wirklichkeit darzustellen hoften, zu bemerken.

Es ist beynahe unbegreiflich, daß das sonst so scharfsichtige Berliner Kabinet diese, und unzählige andere üblen Folgen, welche einen Krieg mit dem Volke der Freiheit begleiten mußten, nicht voraussahe. Glaubt der Herzog vielleicht, er werde den Franzosen das kaum abgeschüttelte Joch der Knechtschaft eben so leicht wieder auflegen können, als er die Niederländer unter die Gewalt ihres Statthalters zurückbeugte? — Dann zog er wahrlich eine sehr unglückliche Parallele, wenn er von diesen Gedanken ausgieng. Die französische Revolution kann ohne Beleidigung nicht mit den holländischen und belgischen Unruhen ver=

glichen werden. In Frankreich ist es eine ganze Nation — die, im Verhältniß zum Ganzen, immer sehr wenigen Uebelgesinnten, welche ihr besonderes Interesse die bewirkte Staatsveränderung nicht lieben ließ, abgerechnet — die furchtbar aufsteht und im Gefühle der Unveräußerlichkeit ihrer Menschen- und Souverainitäts-Rechte sich Gesetze und eine neue Verfassung giebt: hier waren es im Grunde nur Partheien, welche, ich untersuche hier nicht, mit welchem Rechte? — des Zwanges einer alten Regierungsform müde, sich eine glücklichere Staatsverfassung zu erkämpfen suchten. In Frankreich war die Lage der Sachen so, daß die Nation ohne einen gänzlichen Umschwung und eine durchaus neue und verbesserte Ordnung der Dinge nicht gerettet werden konnte: in Holland und Belgien war dieß nicht der Fall. — Zwar mag das preußische Ministerium dieß alles vor kurzem wohl sehr bezweifelt haben; allein jetzt wird es, vielleicht zu spät! davon überzeugt seyn, daß es die ganze französische Nation war, welche die Bürden des Despotismus wegschleuderte. Man muß erstaunen über die Frechheit, womit die Ausgewanderten überall verbreiteten, man dürfe nur in Frankreich einrücken, um sich alles zu unterwerfen; *) allein man ist berechtigt, noch mehr zu erstaunen, daß man in Berlin solchen Aufschneidereien so viel Glauben schenken konnte, als man gethan zu haben scheint. Gerecht ist daher jetzt der Unwille Friedrich Wilhelms und so vieler Preußischen Krieger über die unwürdigen Täuschungen, welche man sich gegen sie erlaubte, und keine Lage kann ich mir schrecklicher denken, als die ist, worin die französischen Prinzen sich gegenwärtig befinden mögen.

„Allein, dieser unglückliche Versuch
„darf die Könige der Erden nicht zurück=
„schrecken, die Würde und den Glanz ih=
„rer Thronen, die Rechte der Souverai=
„nität ihrer Kronen muthig zu verthei=
„digen. Es ist ihre eigene Sache, wofür
„sie streiten und sie befestigen ihre eig=
„ne Thronen, indem sie dem französischen den
„verlohrnen Glanz wieder geben. Ein Feld=

---

*) Thionville und Ryssel liefern die Belege hierzu!!! Nichts, schlechterdings nichts, gleicht der Standhaftigkeit und dem Heldenmuth, welcher die Bürger dieser Stadt beseelte. Ryssel stand in Flammen; es regnete Bomben und feurige Kugeln, aber man schrie: „Lieber tausendmal sterben, als sich ergeben! Es lebe die Nation!" und immer wieder unter tausend Bomben und Schrecken des Todes: „Es lebe die Nation!!!"

„zug noch, und die gute Sache wird tri-
„umphiren!!!"

So werden auch jetzt eben diese Prinzen, an der Spitze und im Namen aller Mißvergnügten, den Königen Europens zurufen, und wahrlich! niemand ists weniger übelzunehmen, als eben ihnen, wenn sie sich solcher Vortheile bedienen, zum ihre herrschsüchtigen und unerlaubten Endzwecke zu erreichen. Aber ich würde Blut weinen, wenn solche unglückliche Insinuationen und Armseligkeiten noch fernerhin auf Preussen und die übrigen Herrscher Europens Eindruck zu machen im Stande wären. — Mein Gewißen giebt mir froh das Zeugniß, daß ich es reblich meine, mit meinem Vaterlande. Ich läugne es nicht, ich liebe auch die Neufranken und ehre ihre Verfassung; wer wird eine Nation nicht lieben, die einen so erhabenen Schwung nimmt *) aber ich liebe und ehre auch mein

---

*) Nichs ist größer, als das Emporstreben eines einzelnen Menschen zur höchsten Menschenvollkommenheit; nichts hienieden göttlicher, als der Emporflug ganzer Nationen zur höhern Nationalvollkommenheit und Völkergröße. Eine Wahrheit, die wohl kein Mann von Geist und Herzen bezweifeln wird. S. Geschichte des letztern Schwedisch-Rußischen Krieges. S. 184. folgl.

Vaterland und wünschte nicht, daß seine Verfassung (eben deswegen, weil ich sie kenne!) einen gewaltsamen *) Umschwung nehmen möchte. Und — indem ich es mit jedem deutschen Manne, und den tapfern Brennen vorzüglich, gut meyne, rede ich frey, ohne zu beleidigen, und habe keine Ursache mich zu fürchten. — Die gefährlichsten Feinde unsrer Fürsten sind gerade diejenigen, welche sie durch allerley Kunstgriffe gegen die Neufranken zu erbittern suchen. Auch Fr. Wilhelm, den man hintergieng, glaubte für die Sache der Könige zu fechten; allein ich wäre begierig zu wissen, ob er nun am Ende dieses Feldzuges, für dieselbe mehr gewonnen oder verloren habe? — Ich fürchte sehr, die Wagschalen des Verlusts möchten dunstleicht in die Höhe steigen, wenn man Verlust und Gewinn

---

*) Die französische Revolution äußert schon jetzt (aber freilich noch nicht auf einerlei Art! Brandes, über einige bisherige Folgen der französischen Revolution in Rücksicht auf Deutschland) und wird sicher in Zukunft noch mehr, auch ohne gewaltsame Erschütterungen, ihren gesegneten Einfluß auf Europa und unser Vaterland äußern. Möchte sie bey uns, wie die Wahrheit wirken, ruhig, mild, beseligend, und alles durchdringend! — —

gegeinander abzuwägen auf den Einfall kä=
me. Abgerechnet, daß er, indem er die
Blüthe der Mannschaft eines ganzen König=
reiches für fremde Angelegenheiten aufopfert,
den Saamen des Mißvergnügens in seinen eig=
nen Staaten ausstreute und zurückließ; ab=
gerechnet, daß ihm dieser einzige Feldzug be=
reits mehrere Millionen und viele tausende
seiner vortreflichsten Krieger kostet; abgerech=
net, daß selbst der rohe Pommer in Frank=
reich vielleicht Grundsätze einsaugt, welche er
in der Ruhe des Friedens beim vaterländi=
schen Heerde weiter verbreitet; Grundsätze
zu deren Vertilgung man eben auszog, die
aber, gleich einem Waldfeuer, je mehr man
sie zu unterdrücken sucht, desto geschwinder,
und ungestümmer hier und dort auflodern, dieß
alles abgerechnet; so lernen die Völker
des Erdbodens durch diesen Krieg
ihre Stärke und Souverainitätsrech=
te kennen; Auf eine Art kennen,
wie außerdem vielleicht in Jahr=
hunderten noch nicht geschehen seyn
würde; immer furchtbarer und furcht=
barer kennen, jemehr der Krieg in
die Länge gezogen wird und je wei=
ter er sich ausbreitet. Die Neufranken
stellen gegenwärtig das erhabenste Beispiel
von dieser großen Wahrheit dar, und die

Macht von ganz Europa wird nicht im Stande seyn, sie zu unterjochen, so lange sie frey seyn wollen und sich wahrer Freiheit würdig bezeigen. Um sich hiervon recht lebhaft zu überzeugen, gehe man mit mir einen Augenblick in die Geschichte aller freien Völker zurück. Manches redende Beispiel bietet mir hier die alte und neuere Geschichte dar. Aber werfen wir nur einen Blick auf die freyen Schweizer, Niederländer und Amerikaner aus den neuern Zeiten und auch da werde ich so gedrängt seyn, als nur möglich ist und meinen Zweck keinen Augenblick aus den Augen verlieren! —

Klein und unbedeutend war der Anfang der schweizerischen Revolution, oder des Schweizer-Bundes. Drey edle Männer, Werner, aus dem Lande Schweiz, Walther Fürst, aus Uri, und Arnold aus Unterwalden, der schrecklichen Bedrückungen der vom Kaiser Albrecht angesetzten tyrannischen Landvögte müde, unternahmen muthig das große Werk der Erlösung ihres Vaterlandes. Nachdem sie unter Gottes freyen Himmel den feierlichen Eid geschworen hatten, das Land von diesen Unmenschen zu befreyen, warben sie in der Stille noch mehr vertraute Männer an, die denselben Eid ablegten.

Nach langen Berathschlagungen kamen sie darin überein, auf den bevorstehenden Neujahrstag, bey Gelegenheit der Glückwünsche, sich der verhaßten Schlösser ihrer Dränger zu bemächtigen. Alles dieses geschah in der Nacht zum eilften Wintermonat 1307. Endlich, nachdem Tell, ein Mitverschworner und Schwiegersohn des Walther Fürsts durch seinen allzuflammenden Freyheitssinn beynahe alle Plane zernichtet hatte, rückte der mit Furcht und banger Freude erwartete Neujahrstag, 1308. heran. Ihr erster Wunsch — aber es geschah mehr als man wünschte — war vorjetzt nur die Zerstörung der beiden Bergnester, Sarnen und Roßberg; auf dem ersten wohnte der Landvogt Landenberg — welcher dem Vater des Arnolds aus Unterwalden die Ochsen vom Pfluge wegnehmen und ihm selbst die Augen ausstechen ließ — auf dem andern, dessen Amtmann. Nicht voreilig, wie Knaben, würdig und ruhig, wie Männer, griffen sie das wichtige Werk an; und der glücklichste Erfolg krönte ihre Unternehmung. Die beyden Schlösser wurden erobert und zerstöhrt, ohne Grausamkeiten an ihren Bewohnern auszuüben — selbst die Landvögte wurden nur über die Gränze geführt, nachdem sie eidlich versprochen hatten, das Land nicht wieder zu betreten. Küßnacht, Schwanau, das noch nicht völlig ausgebaute Zwingnri — der Name zeigt schon von der despotischen Vestimmung, womit es erbaut wurde — hatten dasselbe Schicksal. Am Abende dieses schönen Tages waren bereits alle Spuren der Tyrannei in den drei Ländern Schweiz, Uri und Unterwalten vertilgt.

Dieser Anfang war nun zwar sehr glücklich, allein die junge Freiheit war noch lange nicht befestiget. Die Schweizer, die dieß voraus sahen, machten sich auf das übelste gefaßt. Albrecht drohte eine blutige Rache, aber ein gewaltsamer Tod riß ihn von der Schaubühne hinweg. Brüder seyd guten Muthes, riefen die Schweizer sich da einander zu, Gott bewahrt unsern Bund! Man feierte Dankfeste, aber eine Ruhe von acht Jahren, welche auf den Tod Albrechts erfolgte, machte die Freien nicht sicher und der Erfolg rechtfertigte ihre Vermuthungen. Kaum sah sich Oesterreich vor seinen übrigen Feinden gesichert, so rüstete Herzog Leopold sich zum Kriege. Sein Heer bestand aus 20000 Mann — eine ungeheure Macht in den damaligen Zeiten! — der vornehmste Adel befand sich dabey; Leopold war an dessen Spitze. Die Schweizer konnten kaum 1800 Mann zusammen bringen, die, unbekannt mit dem Gebrauche der Helme und Harnische, nur ein Herz voll Muth und glühenden Freiheitssinnes und einen starken Arm in den Kampf brachten. Jetzt bricht er an der blutige Morgen der Schlacht. Die Streitroße bäumen sich unter der Last ihrer bepanzerten Krieger. Der zahlreiche, stolze Adel entschließt sich, das unansehnliche Häuflein allein zu zermalmen. Er stellt sich an die Spitze des furchtbaren Heeres. Man entfernt das übrige Kriegsvolk, und der Adel unternimmt den Angriff. Aber der Schweizer fürchtet nicht den Glanz seiner Waffen, nicht das Wiehern seiner Rosse, nicht den stolzen Aufmarsch seiner Reihen. — Leopold führt sein Heer in den engen Paß, zwischen dem Aegeei-See und dem Morgarten-Berge. Die Schweitzer stehen auf einer entgegen gesetzten Anhöhe und erwarten den kommenden Feind. — Nun ist die österreichische Reuterei im engen Paße. Man stürzt Truppenweise mit großem Geschrei auf sie los. Man wälzt ungeheure Felsenstücke und Baumstämme dem Morgartenberge herunter. Man schleudert einen Hagel von Steinen auf sie. Die Pferde reissen aus und werfen sich mit wüthigem Ungestümm auf die hintern Glieder zurück. Diese sind, wegen des engen Passes, nicht im Stande sich zu öffnen. Jetzt wird auch das Fußvolk in Unordnung gebracht. Das Gedränge wird furchtbar und jeder Wurf trift nur desto gewisser. Der Muth der Schweizer steigt. Mit Keulen in der Hand zerschmettern sie die ehernen Harnische ihrer Feinde. Der Kampf endigt sich glorreich und blutig. In dritthalb Stunden sind keine andere als todte und verwundte Feinde auf dem Wahlplatze mehr zu sehen. Leopold rettet sich kümmerlich nach Lucern. Die Hauptschlacht ist nun gewonnen und das Hauptheer zerstreut. Aber die Sieger haben noch einen Feind zu besiegen. Der Graf von Straßberg war an demselben Tage mit 4000 Mann in Unterwalden eingefallen und plünderte. Noch schnauften die Ueberwinder vor der Hitze des Tages, als diese Nachricht unter ihnen erscholl. Man fragt nicht, wie stark ist der Feind, dreihundert Unterwalder, 100 Schweitzer fliehen ihm rachezürnend entgegen. Straßberg sieht Leopolds Fahnen in ihren siegreichen Händen und sucht zu entkommen. Aber der Arm der Schweizer fällt schwer auf ihn. Er wird gefährlich verwundet und verliehrt über 300 der Seinigen.

So gieng es fort bis ihre Freyheit befestiget und von ganz Europa anerkannt war, und die ganze Macht des Hauses Oestreich vermogte nicht, den Freiheitsbund der Schweizer zu zertrümmern.

Noch weit zerstörender, aber zuletzt auch in mehrern Rücksichten weit glorreicher war der Kampf der Freiheit in den Niederlanden, welche damals sämmtlich dem mächtigen Spanien, unterworfen waren. Man sehe auch hier, was der Muth der Freiheit vermag! Nach den gräßlichsten Bedrückungen und daraus entstehenden Unruhen in diesem unglücklichen Lande und nachdem dem Prinzen von Oranien, welcher nebst den Grafen von Egmont, Horn und Mannsfeld, die als königliche Statthalter in dem Staatsrathe Sitz und Stimme hatten, gegen die Einführung der Spanischen Inquisition und anderer Strafbefehle protestirt hatten, in Spanien das Todesurtheil gefällt worden war, brach endlich der Krieg öffentlich und verheerend aus. Der Prinz entdeckte das Geheimniß der Bosheit, legte seine Aemter nieder und verließ die Niederlande. Seiner Güter beraubt, von einer Menge geflüchteter Edelleute dazu aufgefodert, etwas zum Wohl des so sehr mißhandelten Vaterlandes zu wagen, sammelte er hierauf einen Heerhaufen von nur 7000 Mann, mit welchem er den drei und zwanzigsten May 1568 über die unendlich weit stärkere Macht der Spanier einen entscheidenden Sieg erfocht, wobey der feindliche Feldherr Arenberg, das Leben verlor. Der Herzog von Alba achtete dieß nicht; den zweiten Juli ließ er zweiundzwanzig Edelleuten von Neuem die Köpfe abschlagen, gieng hierauf mit einem starken Heere dem Prinzen entgegen und schlug seinen kleinen Haufen; das Haupt = Geschütz und Gepäcke, alles gieng verlohren. Der Prinz selbst kam kaum mit dem Leben davon, und entfloh zu seinem Bruder dem Grafen von Nassau.

Doch der Unglückliche ließ den Muth nicht sinken. Er versetzte sein Land, verkaufte sein Silbergeschirr und führte eine neue Armee, welche sein Bruder schon angeworben hatte, in die Niederlande. Aber auch dieser Zug lief unglücklich ab. Alle Plane scheiterten, Alba wurde immer trotziger und grausamer. Die Gemüther waren auf das Aeußerste erbittert. Das Mißvergnügen erreichte mit der Noth und Bedrückung zu gleicher Zeit den höchsten Grad.

In diesem Zeitpunkte wars, da das Schicksal dem Prinzen, fast ohne Mühe, einen sichern Zufluchtsort verschafte, wodurch seine persönliche Lage sowohl, als die Lage der ganzen Sache, auf einmal eine vortheilhafte Wendung nahmen. Graf von der Mark, welcher die Flotte kommandirte, die aus vierundzwanzig Schiffen bestand, wollte die Spanischen Schiffe angreifen, allein ein widriger Wind machte es ihm unmöglich. Dieses scheinbare Uebel ward zufällig das Mittel zur Errettung der Unglücklichen, indem es den Entschluß erzeugte oder vielmehr nothwendig machte, die Maas hinauf zu fahren und die Stadt Briel, welche für den Schlüssel zu der Provinz Holland gehalten wurde, zu erobern und zu plündern. Briel ergab sich ohne Widerstand. Nun plünderte man die Kirchen und Klöster, verschonte aber die Bürger und fieng an, die Stadt zu befestigen. Die Spanier suchten zwar bald darauf den Ort wieder wegzunehmen, allein sie wurden mit Verlust zurückgetrieben.

Jetzt, da der Prinz einmal festen Fuß gefaßt hatte, erklärte man sich lauter. Eine Menge Ausgewanderter verstärkten seine Armee. Die Städte Vließingen, Verre und mehrere beinahe das ganze nördliche Holland jagten die Spanischen Besatzungen fort und ergaben sich dem Prinzen. Blutig und langwierig war nun zwar der Kampf, welchen die vereinigten Provinzen hierauf noch zu kämpfen hatten; allein die Freiheit siegte dessen ungeachtet, endlich ehrenvoll und glänzend, so schwach, so traurig sie sich auch anfangs unter dem Joche der aufgelegten Knechtschaft bäumte, so zweifelhaft, so unmöglich der Sieg lange gegen das gefürchtete, mächtige Spanien schien. *)

Nun nur noch ein Wort aus der Geschichte der freyen Amerikaner, die uns, so zu sagen, noch insgesamt so nahe liegt! —

---

*) Man erzählt, daß der damalige türkische Kaiser Selim II. als er hörte, daß die vereinigten Provinzen, welche man ihm als einen Erdhaufen geschildert hatte, (der aber frey seyn wollte und die gräßliche Last der Tyranney zu drückend gefühlt hätte, um sie ohne harten Kampf wieder auf sich zu nehmen) Spanien so viel zu schaffen machten, gesagt haben soll: „er werde, wenn dieser Erdscholle sein sey, ihn unterminiren und — ohne solche Weitläuftigkeiten ins Meer sprengen lassen". — Groß waren übrigens die Verdienste des Prinzen von Oranien um die Freyheit der gedrängten Niederländer, und vielleicht wären sie ohne seinen Löwenmuth und ausdauernde Standhaftigkeit, das nie geworden, was sie sind. Aber freylich scheint sich dieß Hauß auch heutigen Tages durch eine zuträgliche Erweiterung der Rechte, die ihm das dankbare Vaterland einst freiwillig einräumte, sehr schadlos dafür zu halten gewußt zu haben, wenn Fürsten anders Schadloshaltungen der Art für ihre Aufopferungen und Verdienste um das Vaterland, als Gewinn betrachten können!!! —

Die Amerikanischen Kolonien hießen ehedessen Neuengland, weil sie größtentheils von Engländern angelegt wurden, und also dieser Nation gehörten. Als man sie aber sehr stiefmütterlich behandelte, als man von Jahre zu Jahre ihre Handelsfreiheiten mehr einschränkte; als man im Jahre 1763 die Stempeltare einführte und hernach den Zoll auf Papier, Glas, Farbwaren und zuletzt auf den Thee sehr vermehrte, da brach endlich 1775 das Mißvergnügen der Amerikaner in volle Flammen aus. Man griff die königlichen Zeughäuser an und eroberte kleine Forts, um Geschütz und andere Kriegsbedürfnisse zu bekommen. England schickte Truppen nach Amerika, um die unruhigen Kolonien zu züchtigen und wieder zum Gehorsam zu bringen. Der Krieg nahm einen hitzigen und blutigen Anfang. —

Aber welch ein Schritt von den Kolonien! Sie ohne Geld, ohne Mannschaft, ohne Schiffe, ohne schweres Geschütz, ohne andere Waffen, ohne Alliirten! Auf der andern Seite das mächtige England, dessen gefürchtete Flotten die Meere beherrschten und den Nationen Gesetze vorschrieben, das die geübtesten Krieger und Matrosen, Geschütz und Kriegsmunition im Ueberflusse aufbieten konnte! — Trauriger, als alles dieses war der Umstand, daß die Colonisten unter sich selbst nicht einig, sondern in drei Parteien getheilt waren. Die eigentlichen Patrioten bestunden zum Theil aus ruhigdenkenden, zum Theil aus aufbrausenden Köpfen. Jene riethen immer zur Ergreifung gemäßigter Maaßregeln, diese zogen Strenge und heftigere Mittel vor. Eine dritte Partei, die sogenannten Rojalisten, welche es mit dem Könige hielten und die alte Regierungsform wieder hergestellt wissen wollten, waren eigentlich die Verräther des Vaterlandes. Durch nichts in ihrem Entschlusse, „Frei zu seyn" erschüttert oder waukend gemacht, thaten die muthigen Amerikaner Wunder der Tapferkeit. Gleich Anfangs fielen sie in Kanada ein, und eroberten fast alle Gränzplätze der Engländer. Ihre Waffen verbreiteten Furcht und Schrecken. Allein — das Glück lächelte ihnen nicht immer. Ihre Heere wurden geschlagen, und mehrere Städte wurden ein Raub der Flammen; selbst die Hauptstadt des Landes, der Sitz des Congresses oder der National-Versammlung gerieth den Engländern in die Hände; ganze Provinzen wurden erobert und verheert; ihre Seemacht wurde zernichtet — es war alles verloren, nur ihr Muth nicht, der sie auch in den verzweifelndsten Lagen nicht verließ. Lafajette wurde einmal von einer wohl zweimal so starken Anzahl kriegge= wohnter Hessen unversehens umzingelt. Sein Corps war schwach und in der erbärmlichsten Verfassung. Lafajette's Klugheit ordnete den Kampf, und der Muth der Freiheit, wo= mit seine Truppen den Angriff unternahmen, entschied den Sieg für sie beinahe in dem Augenblicke da der Kampf begann. Ein solcher tapferer, hartnäckiger Kampf, wie ihn die Kolonien kämpften, war des schönsten Friedens würdig. Dieser kam auch in der That den zwanzigsten Januar 1783 nach einem achtjährigen hitzigen Kriege zur Rich= tigkeit. Die Amerikaner erhielten nicht nur ihre völlige Unabhängigkeit und eine vor= trefliche Constitution; England war ge= zwungen, ihnen auch noch den besten Theil von Canada abzutreten. So endigte sich auch dieser Krieg zum Vortheile der guten Sache der Freiheit! —

Die Geschichte ist immer die Fackel der sichersten Voraussehung, indem dieselben Ur= sachen, unter ähnlichen Umständen, die= selben Wirkungen hervorbringen müssen. Die vergangenen Ereignisse unterrichten uns folglich von denen, die kommen werden und — wo Thatsachen sprechen, sind Räsonnements überflüßig. — Wenden wir daher noch eine und die andere der wichtigen Wahrheiten, welche in diesen Thatsachen liegen, auf die gegenwärtige Lage der Neufranken und ihrer Gegner an! —

Die erste Bemerkung, welche im Allgemeinen daraus herfließet, ist diese: daß der Krieg des Despotismus gegen die Freiheit ein Krieg ganz besonderer Art ist. Hier kämpft der Soldat nicht für die Machterweiterung seines Drängers, der ihn vielleicht nur kümmerlich bezahlt; es ist seine eigne Sache, wofür er streitet. Hier ist es dem Bürger und Landeseinwohner nicht gleichgültig, ob er der Härte einer Regierung entrissen, durch Eroberung dem Drucke einer andern unterworfen wird; er ficht für das Glück seines Lebens, für das Glück seiner Kinder, und — wie er hofft — für das Glück der folgenden Generationen. Daher erzeugt der Kampf für die Erhaltung der erstürmten Freiheit, vermittelst einer ungeheuern Anstrengung aller Menschenkräfte, gewöhnlich so genialisch große Menschen, so unerhört große und gewagte Thaten. Eine einzige That dieser Art aus der Geschichte des heldenmüthigen Schweizerbundes zum Beispiele! —

Die Stadt Sembach hatte, um der Despotie der Aristokratischen Landvögte zu entgehen, das Bürgerrecht der Stadt Lucern angenommen. Sie war es daher welcher es dießmal galt. Mit einem furchtbaren Heere erschien Leopold vor ihren Mauern. Seine Reuterei bestand aus dem vornehmsten Adel, und war allein 4000 Mann stark. Der Haufe der Schweizer, welcher zu gleicher Zeit vor der Stadt ankam, belief sich kaum auf 1400 Streiter, ohne Harnische, bloß mit breiten Schlachtschwerdtern bewaffnet. War es glücklicher Einfall, oder war es gutgeordneter Plan, kurz — Leopold befahl, daß seine Ritter von den Pferden steigen und dießmal zu Fuß fechten sollten. So bald die Eidgenossen dieses sahen, stürzten sie in zugespitzter, keilförmiger Ordnung den Berg herab, in der Voraussetzung, die feindlichen Glieder sogleich beim ersten Angriffe zu trennen und dann rechts und links einzuhauen; allein sie wurden bald mit Furcht und Schrecken gewahr, daß dieß eine Unmöglichkeit sey. Die Oestreicher waren ihnen in jedem Betrachte zu sehr überlegen. Leopold hatte mit seinen Truppen ein Viereck gebildet, jeder Ritter war mit seinem Schilde bedeckt, und alle vier Reihen hielten ihre achtzehn Schuhe langen Spieße in gerader Richtung vorwärts, um jeden Anlauf der Schweizer durchaus unmöglich zu machen. Da standen sie nun die Armen, Verlaßenen! — Ein Spott der stolzen Oestreicher! — Schlachtopfer, zum schimpflichsten Tode eingeweiht! — All' ihre Versuche waren fruchtlos; all' ihre Tapferkeit spießte sich, so zu sagen, an den Lanzen der Oestreicher. Jetzt änderte Leopolds Heer seine bisherige Stellung und — indem es rechts und links die Glieder schwenkte, drohte es die Unglücklichen gänzlich einzuschließen. Sechszig waren bereits gefallen, die übrigen erwartete daßelbe Schicksal! —

Aber du bahntest den Weg zum schönsten der Siege, Mann mit der großen Seele, der du dein Leben so willig zum Heile deiner Brüder aufopfertest! Blutig war zwar der Weg, welchen du wähltest, aber glorreich für dich und deine Erlößten. Und dein Gedächtniß wird bei ihnen immerdar im Segen bleiben! —

Arnold von Winkelried, ein Ritter aus einem alten Geschlechte, war es, der in dieser Noth, wie ein Gott, aus den Reihen hervor tratt und — die Sache auf einmal entschied. „Ich bahne euch, schrie er seinen Brüdern zu, einen Weg durch die Spieße unserer Feinde — — — Sorgt für mein Weib und meine Kinder! Vergeßt nicht Arnold von Winkelried! — — und nun — auf! auf mir nach! — — — In diesem Augenblicke floh er auf die feindlichen Speere loß, umfaßte derselben so viele, als seine ausgespannten Arme erreichen konnten, nun stürzte er mit Ungestümm in die Spitzen der Spieße hinein, drückte sie hierauf mit seinem schweren Körper zu Boden, und starb so den glorreichsten Tod fürs Vaterland, den Tod der muthigsten Aufopferung und Selbstverläugnung! Zu hunderten stürzten die erstaunten Schweizer jetzt über seinen Leichnam in die gemachte Oeffnung hinein. Das Heer der Oestreicher wurde zertrennet, zuerst in Unstbnung gebracht und dann, gänzlich geschlagen. — Dieß alles war das Werk eines einzigen Mannes und — ein Werk, dessen Riesengröße bloß die Wunderkraft der Freiheit gebahr! — Man sage nicht: „Die Fran„ken sind solcher Thaten nicht fähig. Die „Nation ist mehr leichtsinnig und aufbrau„send, als aushaltend und zu großen ge„fahrvollen Unternehmungen geschickt". So oft man dieß auch gesagt hat, so sage ich dessen ungeachtet laut: nur die unverschämte Parteilichkeit ihrer Gegner, oder Unwissende können dieses behaupten. Hat sie während dieses Krieges noch kein Beispiel von todver-

achtender Vaterlandsliebe und Wolkenem=
porstrebender Geistesgröße geben können, das
in Absicht auf die Wichtigkeit des Erfolges
mit diesem verglichen werden kann; so wa=
ren bloß die Umstände daran Schuld und die
heutige Art, Krieg zu führen, welche mehr
Klugheit, als persönlichen Muth erfordert.
Im Grunde ist es aber doch wohl eben das=
selbe, wenn ein ehrwürdiger Greis mit zit=
ternder Stimme seine vier Söhne, welche ihn
versorgen, ermuntert, gemeinschaftlich gegen
den Feind des Vaterlandes auszuziehen; wenn
er ihnen selbst noch Muth einflößet in der
Stunde des Abschieds und, untröstlich darü=
ber, daß ihn sein Alter verhindert, dem be=
drängten Vaterlande zu dienen, sich glücklich
schätzt, es durch die Kraft seiner Jugend
vertheidigt zu sehen. *) Im Grunde ist es
doch wohl eben dasselbe, wenn ein französi=
scher Jäger, von sieben Uhlanen umringt,
den gewissesten Tod der Sclaverei vorzieht,
allein, glücklicher, als er hoffen durfte, zwei
seiner Gegner erlegt, die übrigen entwaffnet,
und so triumphirend zu seinen Brüdern zu=
rückkommt. **) Oder, wenn die Schwester

---

*) Von einem Augenzeuge. Strasburger
Zeitung Monat September No. 221.

*) Strasburger Zeitung No. 245.

des Feldherrn Anselme, einen Heerhaufen kommandirt und, aus Liebe für das Vaterland in der Wahl zwischen den unzähligen Unannehmlichkeiten des Krieges auf der einen Seite, und den Vergnügungen, worauf sie Schönheit und Jugend die gerechtesten Ansprüche machen ließen, auf der andern Seite keinen Augenblick unschlüssig bleibt. *) Genau genommen ist es doch wohl eben dasselbe, wenn der französische Bauer jetzt so manchen schrecklichen Kampf mit seinen furchtbaren Feinden wagt; um, wenn er auch den sichersten Tod sich dadurch bereitet, den Feinden des Vaterlandes, doch wenigstens einigen Schaden zuzufügen!? — Und zeigt die Römische Geschichte wohl eine schönere That, als die That des verewigten Beaurepaire zu Verdün war, welcher lieber, wie er sich ausdrückte, sterben, als mit den Despoten capituliren wollte, und sich daher dieser Erklärung getreu, vor dem versammelten

---

*) Der Heldenmuth dieses Frauenzimmers, so wie der beiden Mädchen Fernings, welche mit Ehre unter dem Heere dienen, sich der strengsten Kriegsdisciplin unterwerfen und, geachtet von ihren jungen Mitkriegern, wie man die Tugend achtet, überall Gefahren aufsuchen und mit mehr, als männlichem Muthe bestehen, ist aus allen Zeitungen bekannt.

Kriegsrathe eine Kugel durch den Kopf schoß. *)

Männer und Frauen, die solcher Thaten fähig sind, beweisen, daß sie wahrhaftig frei sind, weil sie den Tod verachten gelernt haben. Dies sind daher Erscheinungen, welche den Kampf gegen die Freiheit, aber auch diesen nur allein begleiten, und die Geschichte aber freien Völker liefert mehrere derselben. Wie vorsichtig hätte man schon aus diesem Grunde einem Kriege mit den Neufranken ausweichen sollen! — **)

Aber freilich — solche Auftritte hatte man nicht vermuthet, solchen Heldenmuth,

---

*) Noch weit mehrere Beispiele dieser Art könnte ich hier anführen, allein ich bin gesonnen, all' die Großthaten, welcher dieser Krieg bereits erzeugte, und welche mir theils aus Zeitungen, theils durch Privat-Nachrichten bekannt geworden sind, zu sammeln und mit meinen Beobachtungen über den Geist der Zeit herauszugeben.

**) Wer hätte bei dem Anfange des Krieges vermuthet, daß die fränkischen Heere ohne Lafajette und Luckner etwas auszurichten im Stande seyn würden. Diese beiden Männer schienen ihre Hauptstützen zu seyn. Allein es gieng alles anders, als man erwartete. Luckner und Lafajette leisteten nichts und — die Freiheit schuf sich Helden und Vertheidiger, auf welche man nicht rechnete. Dumourier, Kellermanne, solchen Widerstand nicht erwartet, denn — man glaubte den Ausgewanderten, wie Evangelisten; vielleicht, es sey mir erlaubt zu sagen, weil es dem Gange der menschlichen Seele angemessen ist, das gerne zu glauben, was man wünscht. Man ließ es sich vorsagen und glaubte es mit beispielloser Gutmüthigkeit: *) „Frankreich sey nur ein Spiel verschiedener Faktionen, die eigentlich selbst nicht mehr zu wissen schienen, was sie wollten, die Gutgesinnten (!!) deren Zahl unzählig sey, wie die Sterne des Himmels, (!) seufzeten der Ankunft der vereinigten Armeen entgegen, wie die Juden der Ankunft ihres Messias, und überhaupt seye das Reich zu sehr erschöpft, als daß es nur den Kampf mit den beiden Riesenmächten, Oestreich und Preußen beginnen werde. — Indem ich nur noch

―――――

Custine, Bournonville u. s. w. nahmen den erhabenen Schwung der Freiheit, und die Namen dieser tapfern Männer sind eben so viele Belege für die Wahrheit, welche ich oben zu beweisen gesucht habe. —

*) Als eine Folge dieser Gutmüthigkeit muß man es betrachten, daß man nach den durchaus einseitigen Nachrichten der Mißvergnügten sine Maaßregeln nahm, ohne durch Emissäre, der auf irgend eine andere Art, von der wahren Lage der Sachen sich genauer unterrichten.

wenige Beobachtungen über diese bekannten Vorspiegelungen der aristokratisch- und monarchisch-gesinnten Partei aufzeichne, führe ich meine Leser noch einmal auf den Gang der Dinge in dem letztern Amerikanischen Kriege zurück.

Unbegreiflich, daß man das so geschwinde vergißt, dessen man sich nicht gerne erinnert! Waren denn nicht auch, wie ich vorhin absichtlich bemerkte, die Amerikanischen Kolonien Anfangs in mehrere Parteien getheilt? Widersprachen sich nicht öfters die Entschlüsse des Congresses so sehr, daß selbst die Generäle der Armeen dadurch in die größte Verlegenheit gesetzt wurden? Und wie zahlreich war erst die Partei der Königlich-Gesinnten!? Ueber 80000 dieser Mißvergnügten wanderten beim Ausbruche des Krieges aus ihrem Vaterlande; nur die einzige Stadt Boston verlohr durch Auswanderungen 15000 ihrer angesehensten Bürger.

Dies war ungefähr die Lage der Sache kurz nach der Eröffnung des Krieges, aber wie bald hatte sie sich verändert. Die beiden ersten Parteien vereinigten sich, als die Noth und Gefahr in die Nähe kamen; man war, gerade wie jetzt in Frankreich, öfters noch verschiedener Meinung, aber — man stand bei gemeinschaftlicher Gefahr für einen Mann. Viele von den Ausgewanderten wurden von der Englischen Regierung bewaffnet, allein sehr bald von den Patrioten geschlagen und zerstreut. Diejenigen welche nicht auswanderten und doch ihre feindseligen Gesinnungen beibehielten, wurden Anfangs bloß bewacht und bei der geringsten Aeusserung von Untreue oder Verrätherei mit Gefängniß und Einziehung ihrer Güter, ja! zulezt insonderheit, nicht selten mit dem Tode bestraft. Es war voraus zusehen, daß es in Frankreich eben so gehen würde — — dennoch ließ man sich irre führen! —

Nichts glich ferner der Herabwüdigung, womit man den zerrütteten, innern Zustand Frankreichs gewöhnlich schilderte. Die Neufranken erklärten selbst mehr, als einmal öffentlich, daß sie der Ruhe sehr bedürften, um das Glück und den Credit des Reiches wieder gänzlich herzustellen. Aber eben diese Erklärung zeigte von dem Gefühle ihrer Kraft, und ihre Gegner irrten ungemein, wenn sie in derselben eine Art von Nachgiebigkeit, oder Furcht zu erblicken meynten. Denn sie versicherten zu gleicher Zeit, daß sie dessen ungeachtet keine Ursache hätten, die Feinde ihrer Freiheit zu fürchten, und bei einem Angriffe als Männer, die den vollen Werth der Freiheit zu schätzen wüßten, sich vertheidigen würden. Ganz die Sprache des Gefühls hoher Kräfte! Keine eitle Aufbinderei, aber auch keine unzeitige Nachgiebigkeit! — Kein furchtsamer Trotz: (denn die Furcht versteckt sich gar oft hinter das Schreckbild des Trotzes!!) aber auch kein Anschein von geheimer Furcht! — Ueberdieß ist es immer eine äußerst mißliche Sache, wenn man seine Plane auf die Erschöpfung seiner Feinde gründet und das Preußische Ministerium scheint sich nicht erinnert zu haben, daß sein großer König, Friedrich der Einzige mehrere Jahre hindurch das auffallendste Beispiel für diese politische Wahrheit aufstellte und ihrer in seinen zurückgelassenen Werken, die Fürsten und Staatsmänner nicht genug studiren können, mehrmals Erwähnung thut. *) Ich

---

*) Hinterlassene Werke Friedrichs, 4ter Theil, S. 315. und an vielen andern Orten. Friedrich selbst war gleichsam ein lebendiger Beweiß für diese Wahrheit. Von Feldzuge zu Feldzuge meinten seine Feinde, er werde aus Erschöpfung Frieden machen müssen, aber — mit jedem Feldzuge tratt er gleich furchtbar wieder auf!

unterlasse es, mich weitläuftiger hierüber auszubreiten, nur erlaube man mir selbst hier noch einmal, eingedenk der großen Wahrheit, welche ich oben schon berührt habe, „die Geschichte allein ist die Fackel der Voraussehung," zwischen der Lage der Amerikanischen Angelegenheiten und dem Gange der Französischen auch in diesem Betrachte, eine Parallellinie zu ziehen.

Die größte Noth der Amerikaner war die, daß sie schlechterdings ohne Geld und ohne Credit waren. Das Geld war zwar bei ihnen immer eine Seltenheit und sie hatten auch mitten im Schooße des Friedens Papiergeld unter sich, das völligen Werth hatte. Aber jetzt im Kriege besaßen sie gar kein anders, als Papiergeld und gleichwohl mußten sie, aus Mangel eigner Manufakturen, welche anzulegen ihnen die Engländer nicht erlaubt hatten, alle ihre Bedürfnisse von Fremden kaufen; bei der sehr zweifelhaften Verwicklung der Dinge — in ganz Europa glaubte man die Colonien bereits besiegt und von Neuem unterjocht, so bald nur die ersten Truppen gegen sie abgeschickt wurden — hatten sie auch beinahe gar keinen Credit. Ihre Aßignaten verlohren zuletzt neunzig vom hundert. Der Mangel war daher bisweilen unbeschreiblich groß und drückend; die Soldaten, kaum halb bekleidet, waren gezwungen, nicht selten ohne Schuh und Strümpfe die beschwerlichsten Märsche zu unternehmen und mit hungrigem Magen gegen einen überlegenen Feind zu fechten. Es brachen Unruhen im Heere aus, aber der Entschluß der Nation wankte noch immer nicht und der hartnäckigte Muth der Anführer der Heere blieb unerschüttert. Wie furchtbar sind Kriege und Krieger der Art! —

Zwar weiß ich wohl, daß der unbeschreibliche Muth und die bewundernswürdige Standhaftigkeit der Kolonien doch vielleicht am Ende der überwiegenden Macht Englands würde haben unterliegen müssen,*) wenn Frankreich ihnen nicht zur Hülfe herbeigeeilt wäre; allein dieß völlig zugegeben, thut meinen Bemerkungen keinen Eintrag. Ich hoffe, man wird so billig seyn und Frankreich, so entkräftet es auch seyn mag, in Absicht auf innere Stärke und Hülfsquellen mit Amerika

---

*) Doch ist dieß immer nur angenommene Vermuthung, denn wer berechnet die Kräfte eines freien Volks und freier Krieger, die lieber sterben, als die Schmach ihres Vaterlandes erleben?!

nicht in einen Vergleich stellen. Wie furchtbar und unerschöpflich sind diese! Ich bleibe einen Augenblick an dieser Betrachtung hängen. — Die Summe aller verkauften oder zum Verkaufe ausgebotenen Nationaldomänen, beläuft sich nach einer von der N. V. dekretirten Rechnung, auf 3, 170, 638, 237 Livres. Auf diese Summe sind angewiesen worden für: 2, 741, 000, 000 Livres wovon für 617 Millionen verbrannt und eingelöst sind. Es bleibt also noch immer eine Hypothecke von 429, 638, 237 Liv. übrig, auf welche man Anweisungen geben kann. Außer jenen Nationaldomänen kann die Nation auch noch über folgende Güter disponiren: über 1200 Millionen Forsten, über 1000 Millionen Emigrantengüter, nach einem sehr mäßigen Anschlage. Ueber 200 Millionen Domänen, welche man der Civilliste überlassen hatte. Ueber 100 Millionen Gewinn auf die verbürgten Domänen. Ueber 50 Millionen Bodenzinß und Feudalabgaben, deren erste Errichtung bewiesen werden kann. Zusammen 2, 979, 638, 237 Livres. — Hierzu kommen noch die ausstehenden Contributionen; ungefähr hundert und funfzig Millionen, welche die Nat. Kasse vorräthig hat; die Summen, welche man der Nation schuldig ist und — im Falle der Noth die Reichthümer der Kirchen. Denn es wird wohl, sagt das Journal von Paris, noch dazu kommen, daß, wer einen Gottesdienst haben will, ihn bezahlt; und es ist einleuchtend, daß bey gleichen Rechten aller Bürger, die Nation unmöglich den katholischen Glaubensgenossen allein prächtige Gebäude liefern kann, während andere, die eben so viel Recht haben, sich die ihrigen anschaffen müßten. — Mit Schrecken, drückt sich Cambon am Ende dieses Berichtes aus, den er vor kurzem der N. K. abstattete, mit Schrecken werden unsere Feinde den weiten Umfang unserer Hülfsquellen erfahren, während sie, bei längerer Fortsetzung des Krieges, mit dem Mangel zu kämpfen haben. In der That, ein Staat, wie Frankreich, ist in gewissen Rücksichten ganz unerschöpflich. Die Städte Marseille und Toulon, damit ich, um dieses zu zeigen einen Augenblick mehr ins einzelne gehe, haben uns kürzlich einen auffallenden Beweis gegeben, was Frankreich vermag. Anselme forderte sie auf, ihn in seinen entworfenen Planen auf Nizza zu unterstützen. Alles was er verlangt, wird mit Jubelgeschrei bewilligt. In wenig Stunden hat man eine Million zusammen geschossen. Alle Bürger legen Hand an das Werk, um das nöthige zu veranstalten. Jedermann beschäftiget sich mit Feldgeräthe. Die ganze

Stadt sieht einem Zeughause ähnlich. Die Thätigkeit ist unbeschreiblich. Sechs Tausend Marseiller, in so kurzer Zeit bewaffnet, gekleidet und mit allem überflüßig versehen, schiffen sich ein, die Operation zu beschleunigen. Dieß geschah zu Marseille, während man zu Toulon, mit nicht geringerer Rastlosigkeit, in vierundzwanzig Stunden mehrere Linienschiffen in segelfertigen Stand setzte. Daß sich diese Erzählungen nicht auf ein se i tige Berichte, sondern auf — Wahrheit gründeten, bewieß der Erfolg. Doch die glücklichen Folgen dieser Anstrengungen sind noch zu neu, als daß ich sie erzählen dürfte! — Ich mache sie bei dieser Gelegenheit nicht bemerkbar, ich wünschte, daß man sie fühlen möchte, die große Wahrheit, fühlen, um des Menschenelendes hienieden weniger zu machen und einen traurigen Krieg, der, dieß kann nicht genug wiederholt werden, sicher in seinen Folgen nur desto gefährlicher wird, je länger er dauert, die erhabene, durch Erfahrung und vernünftige Grundsätze unerschütterlich bewiesene Wahrheit: „Ein
„ freies Volk, das frei seyn will
„ und die Süssigkeiten der Freiheit
„ einmal gekostet hat, kann nie
„ unterjocht werden." Es kann eher zerstört und von dem Erdball ausgerottet, als bezwungen

werden, so lange man nicht ein Mittel er‍findet, Meinungen und aufgefaßten Grund‍sätzen diejenige Richtung zu geben, welche man will!

Ich meyne im Vorhergehenden so über‍zeugende Beweise für diese Behauptung vor‍getragen zu haben, daß ich es wahrlich sehr unnöthig finde, meine Zuflucht zu Schein‍gründen zu nehmen. Und warum sollte ich dieß auch thun!? Die Wahrheit waltet über dem, was ich sage und nur sie allein bestimmt mich, so zu schreiben und nicht an‍ders. Aber —— es bedarf doch wohl der Frage: „ob nicht der eben „geendigte Feldzug der Preußen, „als eine neue Bestätigung für die‍„se Wahrheit aufgestellt werden „könne?" Es scheint beinahe so, we‍nigstens hatte die unbegränzte Thätigkeit der fränkischen Heere die nur der Muth der Frei‍heit erzeugt, grossen Antheil an dem glückli‍chen Ausgange desselben; indessen hätte der Herzog freilich in jedem Falle, so bald er brave Truppen und keine Verräther vor sich hatte, in die Verlegenheiten gerathen müssen, worin er wirklich gerieth. — Diese Beo‍bachtung — man glaube nun dieses, oder je‍nes, je nachdem man Gründe dafür, oder dawider zu haben meynt: — leitet uns auf sehr wichtige Folgerungen über den Ausgang eines zweiten Feldzuges, wenn der Herzog, welches inzwischen eben nicht sehr wahrscheinlich ist, auf seinem Plane bestehen sollte.

Ich habe oben gesagt, der Plan des Herzogs von Braunschweig, geraden Weges nach Paris vorzudringen, sey so tadelhaft eben nicht, als er von mehrern angegeben wurde, und würde dies auch jetzt noch sagen, wenn der Feldzug sich gleich noch unglücklicher geendigt hätte. Deßen ungeachtet war der Gedanke so verwegen, daß der Herzog wahrscheinlich sehr zufrieden seyn wird, nicht noch übler dabei weggekommen zu seyn. Nichts ist im Kriege gefahrvoller, als allzukühnes und rasches Vordringen in das Land des Feindes, selbst wenn der Feind nur schwach, oder wohl gar geschlagen und zerstreut ist. Carl XII eilte seinem Untergange entgegen als er bis Pultava vorstürmte. Sein gefürchteter Nebenbuhler Peter I. erfuhr dasselbe. Eingeschlossen an den Ufern des Pruths, von den Türken und Tartarn, fern von der Gränze Moskoviens, umzingelt und durch unaufhörliche Gefechte des Augenblicks beinahe aufgerieben, würde Carl Rache für Pultava an ihm und seinem unglücklichen Heere haben nehmen können, wenn er vom feilen Graßvezier nicht daran verhindert worden wäre. Selbst Friedrich der Einzige machte im zweiten Schlesischen Kriege sehr zu seinem Nachtheile die Bemerkung, wie schwer und mißlich es sey, sich tief in einem feindlichen Lande zu behaupten. *) Und wie gings noch neulich Gustav, dem unglücklichen, als ihn sein gränzenloser Muth zu weit in das Gebiete seiner furchtbaren Feinden hineinriß? — Nur ein Wunder seines Heldengeistes rettete ihn aus der dunkeln, hoffnungslosen Lage, worinn er sich im Busen von Wiburg befand. Beinahe war schon jetzt das Loos der Preußen nicht besser und es würde von Augenblicke zu Augenblicke noch trauriger geworden seyn, wenn nicht der Herzog, als ein einsichtsvoller Feldherr, noch gerade zur rechten Zeit einen meisterhaften Rückzug veranstaltet hätte.

Allein gesetzt, es sollte ihm gelungen seyn, bis vor die Hauptstadt Galliens vorzurücken, welche Berge von

---

*) Hinterlassene Werke Friedrichs II. 2ter Th. S. 116. folgend.

Schwierigkeiten hatte er jetzt immer noch einmal zu besiegen, um sich den Eingang in die Stadt zu öffnen?! Wußte er nicht daß Paris von 200,000 Mann vertheidiget wird, und daß man sehr — einsichtsvoll auf alles gefaßt — noch außerdem die furchtbarsten Veranstaltungen getroffen hatte, ihn mit Nachdruck zu empfangen? — Kannte er die Heftigkeit der Pariser nicht? Oder bildete er sich ein, sein Manifest, worin er die Stadt zu zerstören drohet, wenn sie sich nicht sogleich unterwerfe, werde sie besänftiget, oder erschreckt haben? — War es möglich, die Heere der Neufranken, im Falle sie wirklich geschlagen wurden, so gänzlich aufzureiben, als sie aufgerieben werden mußten, wenn sie den Eroberern von Paris keine Besorgnisse mehr erwecken sollten??? Doch — immer mehr zugegeben — immer weiter vorgerückt! — Der Herzog sey in Paris: Würde er diese Menschenwimmelnde Stadt mit seinem so sehr geschwächten Heere auch haben behaupten können? „Aber: es stand ja in diesem „Falle bei ihm, die Stadt zu zertrümmern und „sich auf diese Art Respect, und seinen Trup„pen Ruhe zu verschaffen„! — Schade nur, daß der Herzog bei diesem Plane sich selbst am übelsten würde mitgespielt haben!

Wie hätte es dann um den Unterhalt seiner Krieger wohl ausgesehen? Wer würde Lebensmittel zugeführt haben? — Man darf es sagen, der Herzog würde seinem Untergange vollkommen entgegen gegangen seyn, wenn er das Glück, oder Unglück gehabt hätte, seinen Operationsplan durchzusetzen, und es war vielleicht die Schickung des Himmels, die es so fügte, daß es nicht gelang. Es ist schlechterdings unbegreiflich, daß dieser große Feldherr dieß nicht voraus sah; allein er war, wie sein König, getäuscht worden. Es ist daher nicht wahrscheinlich, daß er, nachdem er die wahre Lage der Sachen nur zu genau kennen gelernt hat, den mißlichen Versuch zum zweitenmal machen wird, der ihm einmal verunglückt ist. — Die Schwierigkeiten, welche er dießmal fand, wird er wieder finden, und verdoppelt wieder finden. Dieser Feldzug war eine Schule für die Feldherrn und gemeinen Krieger Frankreichs. Die Preußen — wenn sie den Krieg fortzusetzen gesonnen sind — werden die Truppen der Franken im nächsten Frühjahr mit noch stolzerm Muthe, mit befestigterem Selbstvertrauen und, wenn es möglich seyn sollte, — denn kaum läßt sich eine Disciplin vollendeter denken! — mit noch strengerer

Kriegsdisciplin auftreten sehen, als diesmal schon möglich war. Die Ruhe wird im Innern während des Winters mehr befestiget werden, und der Kampf würde dann schrecklicher und blutiger beginnen, als er geendiget wurde. Und welches würden zuletzt die Folgen dieses Krieges seyn? — Der aufgeklärte und wahre Freiheit liebende Brenne, des Druckes eines Krieges müde, worin sein König durch Privat Interesse verwickelt ward, würde — — doch ich wage es nicht, den geheimnißvollen Vorhang im Tempel der Zukunft zu lüpfen! — Millionen würden hingeschleudert, wie Rechenpfennige; Blut würde noch ins Thal des Todes fließen, wie Wasser; Frankreich würde verheert; Oestreich — dieß ist es so schon genug! — und Preußen erschöpft werden und — nach langem, blutigen Kriege würde man die Erfahrung zu machen gezwungen seyn, daß Frankreich sich eben so wenig, als weiland die Schweiz, Holland oder Nordamerika unterjochen lasse. Doch, ein glücklicher Friede scheint schon jetzt, wenigstens zwischen Friedrich Wilhelm und der fränkischen Republick, eingeleitet zu werden, und bald wird er vielleicht Europa und meinem Vaterlande zu Theil. Dann will ich mit den Engeln jubeln: Friede sey auf Er-

den und den Menschen ein Wohlge=
fallen untereinander. Amen.

Jetzt nur noch einen Blick auf die gegen=
wärtige politische Verfassung Preußens und
dessen System in Absicht auf die Verbindung
mit Oestreich und der Theilnahme an dem
Kriege gegen Frankreich. Auch diese Be=
trachtung wird uns überzeugen helfen, daß
der Friede bald zu Stande kommen müsse,
wenn nicht beide Monarchin mehr dem Zuge der
Leidenschaften, als den Aufforderungen allgemein
angenommener Grundsätze der Staatskunst zufol=
gen entschlossen sind, welches sich von Preußen
wenigstens nicht erwarten läßt.

Wenn man das, sich so sehr durch=
kreuzende, Interesse Preußens und Oestreichs
kennet; wenn man auf die, zwischen beiden
Häusern schon seit so langen Zeiten bestehende
Eifersucht Rücksicht nimmt, welche nie ganz
verschwinden wird, und Friedrichs Schriften
aufmerksam gelesen und dessen Grundsätze ge=
hörig durchdacht hat: so muß man eine ge=
nauere Verbindung zwischen beiden Höfen bei=
nahe für eine Unmöglichkeit halten. Vom
Jahre 1740. bis 1763. würde sicher jeder
Staatsmann den Gedanken an eine Verbindung
der Art lächerlich gefunden haben. Aber ——

Es ist alles im Menschenleben der Veränderung unterworfen und nichts mehr, als die Politick? Die Umstände und Ereignisse verändern auch die festesten ihrer Grundsätze. —

Rußland ist unter der glänzenden Regierung Catharinens II. zu einem Gipfel von Größe hinaufgestürmt, daß es alle Dämme des politischen Gleichgewichts niederzureissen drohet. Der bewunderungswürdige Schwung der Macht und Furchtbarkeit, welchen dieses Reich mit gewaltsamen Fluge flog, hat dem ganzen politischen System eine andere Richtung gegeben. — Schon im Jahr 1772, als Friedrich der Einzige mit demselben verbunden war, sah dieser große Staatsmann durch die furchtbaren Fortschritte, welche die Russen damals im Gebiete der ottomanischen Pforte machten, sich genöthiget dem Wiener Hofe auf gewisse Art sich zu nähern. *) Kaum war dieß Bündniß zwischen Preußen und Rußland

---

*) Die schnellen Fortschritte der Russen beunruhigten den Bundesgenossen derselben eben so sehr, als die übrigen europäischen Mächte. Preußen mußte befürchten, daß sein Bundesgenosse allzumächtig werden und ihm mit der Zeit, wie den Pohlen, Gesetze vorschreiben würde. Diese Aussicht ist so gefährlich, als abschreckend. Der Wiener Hof kannte seine Vortheile zu gut, um nicht ähnliche Besorgnisse zu haben. Diese gemeinschaftliche Gefahr machte, daß man

seinem Ende nahe, als das Petersburger und Wiener Cabinet enger zusammen traten. °) Es kam ein förmliches Bündniß zu Stande. Jetzt war Preußens Lage gefahrvoll und mißlich. Aber bald schlang es mit England einen traulichen Bund. °°) Schweden, Pohlen und die Pforte nahmen Antheil daran, und jenes Reich unterstützte sehr bald die Partei, welche es genommen hat, auf die thätigste Art. °°°)

---

eine Zeitlang die vormalige Erbitterung vergaß, und sich einander näherte u. s. f. Hinterlassene Werke Friedrichs II. 6ter Theil S. 23. folgend. Ueber die Gefahr des politischen Gleichgewichts von Gustav III. S. 51. 52.

*) Ueber die Gefahr des politischen Gleichgewichts S. 115. 116. Die Russen schließen ihre Bündnisse nur aus Interesse und pflegen daher die Zeit der Gültigkeit derselben immer sehr genau zu bestimmen. Ueber die Gefahr des politischen Gleichgewichtes S. 114. Friedrich der Einzige sagt: „wenn die Russen Bündnisse mit andern Nationen schließen, so sehen sie dieselben beinahe als einen ihren Klienten bewilligten Schutz an." 1ter Theil S. 57.

**) Ueber die Gefahr des politischen Gleichgewichts von Gustav III. S. 140 — 144.

***) Ueber die Gefahr 2c. a. a. Orte.

Der Friede mit den Türken wurde endlich unterzeichnet; alte Staatsmänner zogen sich von der Schaubühne zurück; neue traten hervor; England, als Bundesgenosse immer mehr seinem eigenen Privat = Interesse fröhnend, als dem allgemeinen Interesse und Vortheile seiner Alliirten ergeben, *) gab Preussen, schon während des letzten Türkenkrieges **) und noch mehr nach der Hand, Veranlassung zu einigem Mißvergnügen. Die Unterhandlungen zu Reichenbach waren nicht geschickt, die wechselseitigen Bande, welche bereits sich auflösen zu wollen schienen, fester zusammen zu ziehen; die Politick nahm bald eine andere Richtung. Rußland fuhr indessen, während aller Verhandlungen, welche vor dem Frieden zu Jassi hergingen, ohne aufhören fort, die Osmanen zu schlagen und seinen trotzigen Ton beizubehalten. Ueber Erwartung vom Schicksale beglückt, schloß es, ohne alle Vermittelung mit der so sehr

---

*) Hinterlassene Werke Friedrichs, 5ter Theil S. IX. in dem Vorberichte. 4ter Theil S. 317. 318. und a. m. a. Stellen.

**) Geschichte des letztern Schwedisch = Rußischen Krieges von G. C. Horst. S. 261. folg. 371 bis 380. —

gedemüthigten Pforte Frieden und erhielt durch diesen Frieden wieder einen neuen Zuwachs von Größe und Macht. — Jetzt ward seine Größe seinen Gegnern, wie seinen Freunden furchtbar. Dieß näherte Anfangs die beiden Höfe, Preußen und Oestreich, schon während des Türkenkrieges, einander; *) gerade so, — denn es geschieht nichts Neues unter der Sonne, wie es beim vorigen Türkenkriege ging, als Friedrich II. mit Rußland verbunden war. — Hätten die Feinde des jetzigen Preußischen Regierungssystems auf diese Betrachtungen mehr Rücksicht genommen; so würden sie sich vielleicht nicht erlaubt haben, die Verbindung mit Oestreich so sehr zu tadeln, als sie es zu thun, sich für berechtiget genug hielten.

Aber freilich war dieß nicht der **einzige** Bewegungsgrund, warum man sich einander

---

*) In Reichenbach erklärte **Herzberg**, bereits nach der Berliner Zeitung, ausdrücklich: „Man könne sich nicht vorstellen, daß der Wiener Hof eine weitere Ausbreitung des Rußischen Gebietes nach Ungarn zu, gleichgültig ansehn, oder wohl gar wünschen könne vielmehr erfordert das wahre Interesse beider Höfe; der Rußischen Uebermacht **gemeinschaftlich entgegen zu arbeiten.**"

näherte. Die Revolution in Frankreich ward überall, als eine gemeinschaftliche Sache der Könige ausgeschrien und, indem man die Fürsten zu ihrem eigenen Nachtheile täuschte, sah der unbefangene Beobachter mit Erstaunen, beinahe ganz Europa sich gegen die Neufranken verbinden und zum Kriege rüsten. — Auch Friedrich Wilhelm glaubte für die Sache der Könige und die Erhaltung der Ruhe und allgemeinen Polizei Europens — welche unverschämte Vorspiegelungen man nicht erfand! — fechten zu müssen. Wenn Oestreich diese Vorspiegelungen auf alle mögliche Art unterstützte, so darf man sich darüber eben nicht sehr verwundern. Der Krieg gegen Frankreich war für das politische System desselben äußerst vortheilhaft und es gewann in mehr, als einem Betrachte dabei, wenn die entworfenen Plane ausgeführt wurden. Und in der That, dießmal triumphirte die Feinheit des Wiener Cabinettes. Preußen nahm an dem, von Oestreich schon lange beschloßenen Kriege gegen Frankreich, Antheil und — hierdurch gingen alle Vortheile, welche es sonst aus der Verbindung mit dem Wiener Hofe ziehen konnte, für dasselbe auf einmal verloren und es ward nun gleichsam von dem Wiener Cabinette abhängig. —

Alle Siege, welche die Preußen in Frankreich erfochten, sind, genau genommen, eigentlich Siege für Oestreich. Man scheint dieses bereits in Preußen nicht allein, sondern selbst beim Heere sehr lebhaft zu fühlen. Auch hat Dümourier bei den, mit dem Könige selbst eröffneten, Unterhandlungen, nicht unterlassen, dieß alles bemerkbar zu machen.

Schon jetzt ist Preußens Lage daher eben nicht die angenehmste. Friedrich Wilhelm, der, wenn er in seinem gefürchteten Harnische ruhiger Beobachter blieb, einem schlummernden Löwen glich und die Wagschaale von Europa in der Hand zu halten schien, hält sie jetzt nicht mehr. Ich habe in meinen „Gedanken über die französische Constitution und die Lage, worin sich Frankreich in Absicht auf den bevorstehenden Krieg befindet" Seite 18 die Vermuthung geäussert: Rußland scheine nur deswegen so vielen Antheil an der Sache der französischen Prinzen und allen sich darauf beziehenden Planen zu nehmen, um Oestreich und Preußen dadurch zu einem Kriege gegen die Franken zu ermuntern, und dann während es seine stolzen Entwürfe in Pohlen ausführt, auf Frankreich hinzuhalten, um dieselben durch diese Operationen zu schwächen und von seinen Gränzen zu entfernen. Wenn dieß wirklich die Politik des Petersburger Hofes war — und wahrscheinlich ist es genug! — so ist sie bis zur Bewunderung gelungen. — Hochbegnadiget vom Glücke ist dieses Reich und seine genial'sche Herrscherin. Die Verbindung zwischen Oestreich und Preußen mußte ihr Besorgnisse erwecken (denn — wenn beide Reiche mehr ihr eigenes, als fremdes Interesse hätten beobachten wollen, so mußten sie sich gleich gemeinschaftlich dem Uebergewicht Rußlands entgegen stemmen:) und setzte ihrem Fluggeiste Schranken. Jetzt — ist sie ihr nicht mehr gefährlich und — indem man ihre Freundschaft und Bündnisse sucht, herrscht sie, als Bundsgenossin, oder Gegnerin beinahe über g a n z Europa. *) Das

---

*) In der That nicht zu viel gesagt! Schon raunt man sich ins Ohr: Rußland bedrohe die Preußischen Staaten mit einem Angriffe, wenn Fr. Wilhelm geneigt seyn sollte, mit den Neufranken einen Privat-Frieden zu schließen. Eine gleich fürchterliche Wahl, die dem Brennenkönige in diesem Falle blieb! — Die ganze Sache klingt freilich noch immer fast sehr abendtheuerlich, allein es geschehen heutigen Tages so manwar es, was man in Berlin schon lange fürchtete und wozu man dessen ungeachtet, nach einem unbegreiflichen Gange, den die menschlichen Dinge hienieden so oft gehen, selbst den Weg ebnete. —

Wie unumschränkt herrscht Rußland jetzt in Pohlen! Die Constitution, welche sich dieses unglückliche Reich, das zu einer ewigen Erniedrigung und Knechtschaft verdammt

---

herlei abentheuerliche Sachen, daß man sich zuletzt beinahe daran gewöhnt, für das Abentheuerliche Glauben zu gewinnen. Vergleicht man indessen mit diesen sonderbaren Gerüchten dasjenige, was Custine, dessen Politik so fein zu seyn scheint, wie Blüthenstaub, bereits den siebzehnten October an die N. C. berichtete, so verliert es nicht wenig von dem abentheuerlichen Anstriche, den es außerdem hat. Wenn Frankreich schreibt Custine (bekanntlich eben so sehr Staatsmann, als Krieger) seinen zahlreichen Feinden widersteht, und seine Unabhängigkeit behauptet, so soll eine Russische Armee sich auf Schlesien werfen und Oestreich dadurch entschädigen. Ich habe diesen Plan schon Joseph II. und Potemkin abgelokt, sagt Custine weiter, und ihn Wilhelmen bei einer Unterredung in Charlottenburg, ehe er noch König war, mitgetheilet. Wilhelm hat aber verrätherischen Rathgebern sein Ohr geliehen und nicht auf das gehört, was ihm in der Folge mein Sohn, als Gesandter, gesagt hat. Nun sehe er, was für ein Schicksal auf ihn wartet. Doch, die Zukunft allein hat den Faden der Entwickelungen in der Hand — man harre! —

scheint, den dritten Mai 1791 gab, ist zertrümmert. Unter den Augen der Rußischen Truppen wird eine neue geschaffen. Das ganze Reich ist mit Truppen überschwemmt und wird, nicht viel anders, als eine Rußische Provinz behandelt, indeß zu Warschau der Cosacke und Calmucke die Polizey handhabt. — Sollte Preußen und Oestreich, welche sonst alle Schritte Rußlands in Pohlen so genau beobachteten und immer so grossen Antheil dran nahmen, sollten diese beide mächtige Nachbarn von Pohlen, dieß alles mit einer so auffallenden Gleichgültigkeit geschehen lassen, bloß weil ihnen Rußland einem entworfenen Plane gemäß, die Freude gemacht, und die neue Constitution zermalmt hat — bloß weil man durchaus keiner Nation in Europa das Recht einräumen will, ihre einmal festgesetzte Regierungsverfaßung abzuändern — bloß weil man dasselbe in Frankreich zu versuchen geneigt war? — Wahrscheinlich wäre es ungerecht, das ohne Einschränkung zu glauben. Die Französischen Angelegenheiten, welche eine so unerwartete Wendung genommen haben, beschäftigen vielmehr beide Höfe allzusehr, als daß sich ihr Einfluß in dem Maaße, wie sonst geschehen seyn würde, auf die politische Lage Europens äußern kann.

Vielleicht geht, indessen doch in Pohlen, jetzt wenigstens alles noch nach einem gemeinschaftlich entworfenen Plane. Vielleicht überließ man es Rußland gerne, Pohlens Verfassung seinem Interesse gemäs anzuordnen, weil man mit noch leichterer Mühe auf dasselbe Geschäfte in Frankreich rechnete. Aber — wie jetzt, da man sich getäuscht und in Weitläuftigkeiten verwickelt sieht, deren Folgen nicht leicht zu bestimmen sind? Wie jetzt, wenn Rußland, von dem Glücke des Zufalls und der Umstände dazu aufgemuntert, in seinem Plane weiter geht, als — es gehen sollte? — Wenn es wahr ist, was man diese Monarchie schon so oft beschuldigte, „sie stehe nie stille; sie suche das Gebiet ihrer Macht ins Unendliche zu erweitern; Pohlen zu einem von ihr abhängigen Reiche zu machen, und die Ukraine von demselben abzureissen,"*) so ist jetzt vielleicht alles zu fürchten. Schon ist der Rußische Heerhaufen in der Ukraine — gerade in derjenigen Provinz, deren Besitz, wie man wohl weiß,

---

*) Vergl. die von Gustav dem dritten verfaßte Schrift: Ueber die Gefahr des politischen Gleichgewichtes in Europa. S. 52. folgl.

Rußland am zuträglichsten wäre — von neuem mit 4000 Kriegern verstärkt worden. Schon äußern die Pohlen Besorgnisse wegen einer andern Schaar, die längs der Moldau, in der Woiwodschaft Bracklo sich sehr vergrößert. — Ein ganzes Jahr schon marschieren die Russen nach Frankreich — in unsern Zeitungen, jetzt weiß man, daß keine kommen. Die Kaiserin, um die Prinzen darüber zu trösten, soll ihnen etliche hundert tausend Rubel geschenkt haben, aber ihre Truppen bleiben — in Pohlen. Catharina II. befolgt seit ihrer Thronbesteigung bey allen Weltangelegenheiten die Grundsätze einer äußerst feinen Politik und, indem sie große Angelegenheiten gut vorzubereiten und dann, im Zeitpunkte der Entwickelung, Zeit und Umstände meisterhaft zu ihrem Vortheile zu benutzen weiß, erlebt sie nie den Verdruß einen ihrer hochfliegenden Plane scheitern zu sehen. Aber — ist doch Rußland so erschöpft, daß es sich vor der Hand unmöglich auf weit ausstehende Unternehmungen einlassen kann, welche es allenfalls mit Preußen entzweien dürften! Dieß hat man schon seit sechs Jahren unzähligemahl gesagt und wiederholt, und der Erfolg will es immer noch nicht bestätigen.

Wehe dem Staatsmann, der in Absicht auf Rußland, seine Maasregeln nach dieser Voraussetzung nimmt! Dieß wildgroße Reich muß Goldquellen haben, die noch niemand hat rieseln hören! —

Ich bin indessen nicht im Stande, mit Zuverläßigkeit zu behaupten, daß Catharina in Rücksicht der polnischen Angelegenheiten solche Maasregeln nehmen werde, welche mit dem politischen System der beiden andern Nachbarn Pohlens, Oestrrichs und Preußens, nicht zu vereinigen wären; allein gesetzt — und großer, kühner Entwürfe ist ihr Geist fähig, das weiß Europa aus Erfahrung — gesetzt, sie erlaubte sich dergleichen? — Wer widersteht denn ihrer Macht? Oestreich darf es kaum wagen, sich auf einen Krieg einzulassen. Noch blutet es an den Wunden, die ihm der letztere Türkenkrieg schlug, heftig genug; erschöpft fieng es den so kostspieligen Krieg mit Frankreich an, noch erschöpfter wird es denselben endigen. England, seines Vortheils gewiß, sieht mit geheimem Vergnügen Europa, von Archangel bis nach Marseille, sich untereinander aufreiben, und wird am Ende die Parthie ergreifen, die ihm am vortheilhaftesten scheinen wird. In Constantinopel herrscht der Rußische Gesandte, wie ein Diktator. Schweden hat Ruhe und Erholung nöthig, und — wird in jedem Falle ruhig bleiben. Dännemark, seinem politischen System gemäs, muß Rußlands Freundschaft zu erhalten suchen und diese Macht fein behandeln. Preußen allein bleibt also nur noch übrig; allein was wird selbst Friedrich Wilhelm vermögen, wenn der Krieg gegen die Neufranken sich in die Länge ziehen sollte? — Er wird seine Kriegsmacht schwächen; seine Finanzen erschöpfen; sein entscheidendes Uebergewicht in der Wagschaale Europens verlieren und — am Ende Frieden machen müssen, während Catharina II. diese Riesin ihres Geschlechtes, welche, indem sie der Coalition oder dem so genannten großen Bunde (!!) eintratt, keinen Augenblick ihren eigenen Vortheil vergaß, triumphiret.

Dieß ist ungefähr die jetzige Lage Preußens, Oestreichs und Frankreichs zu einander und dem übrigen Europa. Alles vereiniget sich zum Vortheile des letztern Reiches. Alles läßt vermuthen, daß der Krieg gegen die Neufranken wohl nicht mehr sehr lange dauern kann. — Eine Menge einzelner Ursachen anderer Art, welche dasselbe erwarten lassen, kommen noch hinzu.

Friedrich Wilhelm wird schon jetzt bemerken, was sein unsterblicher Vorgänger, Friedrich der Einzige einmal sagt. „Ich habe gefunden, daß alle Kriege, welche man ferne von seinen Gränzen führt, nicht denselben Erfolg haben, als die in der Nachbarschaft des Vaterlandes geführt werden. Kommt dieses vielleicht aus einem dem Menschen natürlichen Gefühle welches ihm sagt, daß es rechtmäßiger ist, sich zu vertheidigen, als seinen Nachbar zu berauben. Allein vielleicht ist der physische Grund noch stärker, als der moralische; die Schwierigkeit nemlich, in zu großer Entfernung von der Gränze für die Lebensmittel zu sorgen, und zu gehöriger Zeit die Ersetzung der Mannschaft, der Pferde, Kleidungsstücke und Kriegsgeräthe herbeizuschaffen. Dazu kommt, daß, je weiter die Kriegsvölker sich in fremde Länder wagen, sie desto mehr fürchten, daß ihnen der Rück=

weg ganz abgeschnitten, oder doch äußerst erschwert werde. *) — Er wird bemerken, daß die Franken dem Kriege eine ganz eigne Wendung geben. „Wir kriegen nicht mit den Völkern, sagen sie, „sondern nur mit den Fürsten und Despoten. Unsere Sache ist also die Sache der Menschheit." — Er wird bemerken, daß die französische Constitution überall viele Freunde hat, bemerken, daß er ein Heer gegen die Neufranken führt, unter welchem selbst sich wenigstens — viele Freunde der Freiheit befinden; bemerken, daß es gefährlich seyn möchte, im Lande der Freiheit eine Armee zu lange stehen zu lassen; bemerken, daß, wenn er durchaus glücklich seyn sollte, er Frankreich zwar mit seinem Heere, als Sieger, durchziehen, aber nicht besetzen, noch viel weniger behaupten könne; bemer=

---

*) Friedrichs hinterlassene Werke 1ter Theil S. XIV. XV. — Unbeschreiblich groß ist sicher immer der Vortheil, den die Franken vor ihren Gegnern auch in dem Betrachte voraus haben, daß sie Vestungen, Waffen, Mund und Kriegsvorrath in der Nähe besitzen; diese aber alle Kriegsbedürfnisse, Geschütz und Magazin erst aus ungeheurer Ferne an ihre Gränzen wälzen müssen.

ken, daß man die Freiheit, gleich einer himmlischen Braut, nach seinem Abzuge nur desto glühender umarmen werde; bemerken, daß gegenwärtig in Frankreich jeder Bürger Soldat und jeder Soldat Bürger ist, und diese und eine Menge anderer Bemerkungen werden ihn dann, den Menschenfreund, von dom. der große Herzberg selber sagt, er herrsche mit noch milderer Würde, als Friedrich der Einzige, von der Wahrheit überzeugen; daß ein mächtiges freies Volk nicht besiegt werden kann und — zum Frieden geneigt machen. Tritt Preußen zurück, so wird sich Oestreich bald genöthiget sehen, dasselbe zu thun. — Ein allgemeiner Friede beglücke dann Europa, mein Vaterland und die Neufranken! — Friedrich Wilhelm und Franz werden dann sicherer sitzen auf ihren Thronen im Völkerbeglückenden Schirme des Friedens als im verheerenden Sturme des Krieges. Braunschweigs Held fahre fort, wie er bisher gethan hat, der Wohlthäter seines Landes zu seyn, statt Frankreich zu bekriegen und Manifeste zu verfertigen, die der Erhabenheit seiner Würde und seines bekannten Edelsinnes nicht würdig scheinen. Und alle Fürsten Europens seyen nicht — die Unterdrücker, sondern die Väter und Beherrscher ihrer Unterthanen, so wird die unterbrochene Ruhe und Ordnung der Dinge in Europa sich von selbst am glücklichsten und dauerhaftesten wieder herstellen.

*　*　*

Seit sich diese Schrift in der Presse befindet, haben die Neufranken in wenig Tagen Fortschritte in Deutschland gemacht, welche Erstaunen erregen. Dieß verrückt indessen den Gesichtspunkt desjenigen, was ich in diesen Blättern behauptet habe, so wenig, daß es vielmehr als eine neue Bestätigung desselben angesehen werden muß. Nur jede Art von Näherung zwischen Frankreich und den vereinigten Mächten scheint nunmehr neuen Schwierigkeiten ausgesetzt zu seyn. Führen die Franken ihren, wahrscheinlich entworfenen, Plan „sich des Rheins und der Mosel zu bemächtigen" in seinem ganzen Umfange aus, so sind die Folgen dieser Operation kaum zu berechnen. Doch, es ist noch alles zu neu, und wenn ich mich so ausdrücken mag, gleichsam noch zu roh, noch zu sehr dem Wechsel der Dinge unterworfen, als daß sich in diesem Augenblicke schon etwas zuverläßiges über die großen Entwürfe Custines sagen ließ. Vielleicht